L_{n}^{27} 19660

VIE

DE

ANNE GAUCHAIS.

IMPRIMERIE DE J. L. BELLEMAIN,
rue Saint-Denis, n. 268.

VIE

DE

ANNE GAUCHAIS,

FEMME TISSEAU,

DE SAUMUR;

ÉCRITE PAR SON FRÈRE,

COLONEL D'INFANTERIE, COMMANDEUR DE LA LÉGION-D'HONNEUR, CONDAMNÉ A MORT DANS L'AFFAIRE DU GÉNÉRAL BERTON.

PRIX : **1** FR. **50** CENT.

PARIS,

DAUBRÉE, Libraire, galerie Vivienne, n° 46;
BELLEMAIN, Imprimeur, passage du Caire, n° 96;
Et chez les Marchands de nouveautés.

—

1831.

PRÉFACE.

C'EST un devoir que l'honneur, la reconnaissance et l'amitié m'imposent, de mettre au grand jour les vertus remarquables de ma sœur. Certes, elle doit prendre rang parmi les femmes célèbres qu'immortalise l'histoire, et le lecteur me saura gré d'avoir mis tous mes efforts pour lui retracer de la manière la plus fidèle le récit des aventures et des malheurs qui n'ont cessé de persécuter la meilleure comme la plus sage des femmes.

C'était une tâche bien difficile pour moi. Elevé en quelque sorte dans les camps, j'ai toujours été étranger aux lettres, et je demande grâce pour la faiblesse de mon style et pour certaines tournures de phrases qui, je le pense, ne seraient-point admises dans notre académie.

Ce n'est donc pas comme écrivain qu'on me jugera, mais bien comme un bon parent, un bon frère, qui a mis tout son bonheur à chanter, non pas en poète, mais en fidèle historien, une sœur chérie qui lui a sauvé les jours.

On verra avec quel zèle, avec quelle ardeur elle m'a servi dans ce moment critique de ma vie, où un jugement terrible m'accablait; enfin, on verra que ce n'est qu'à sa persévérance, qu'à ses démarches, que je dois de n'avoir pas péri sur un échafaud.

Qu'on juge la position de cette femme, ayant son époux malade à Saumur et son frère sous le poids d'une condamnation capitale à Toulouse! Il fallait les sauver tous les deux, et cette ame courageuse a surmonté tous les obstacles : elle est arrivée à son but.

Assurément ce passage de sa vie doit intéresser mon lecteur, et je m'estimerai heureux si, après la lecture de ce tableau, il donne quelques larmes à la mémoire de ma sœur chérie, dont le souvenir sera toujours cher aux habitans du pays qui l'a vu naître.

VIE

DE

ANNE GAUCHAIS.

Anne Gauchais, femme Tisseau, naquit à Saumur. Son père et sa mère étaient d'honnêtes propriétaires, qui ne négligèrent rien pour lui donner l'éducation nécessaire pour tenir un rang dans le monde. Elle eut deux frères; l'un, le plus âgé, fut contrôleur à Saumur, et l'autre se lança dans la carrière militaire, où il ne tarda pas à obtenir le rang d'officier supérieur et la croix d'officier de la Légion-d'Honneur.

Dès sa plus tendre enfance elle manifesta pour ses parens une affection rare, et l'on verra par la suite jusqu'à quel point s'est étendue cette affection sur ses deux frères, dont elle fut de l'un le garde-malade, et de l'autre le palladium et le sauveur. Mais il semblait que la vie de cette intéressante créature devait être mêlée d'écueils et de chagrins. A peine avait-elle six ans, qu'un jour elle tomba dans une rivière très profonde; son courage ne l'abandonna pas; elle se débattit tant, que le bruit qu'elle faisait donna l'éveil, et qu'on vint la retirer. Il était temps; ses organes étaient tellement affaiblis, qu'une minute de plus elle allait succomber.

A sept ans, elle était déjà l'émule de toutes les jeunes personnes de son âge; elle lisait et écrivait avec une facilité qui faisait l'admiration de tous ceux qui la voyaient. Le père et la mère étaient fiers de posséder un tel trésor. Pourquoi faut-il, lorsqu'on s'occupait tant de son éducation et de son futur bonheur, que le destin en eût ordonné autrement? A peine avait-elle atteint l'âge de raison, qu'elle eut le discernement d'éviter toute lecture romanesque : elle savait combien les romans flétrissent l'ame ; leurs couleurs, souvent trop séduisantes, entraînent les jeunes gens à secouer le joug des préjugés, à sourire à leurs passions naissantes, enfin à faire non-seulement leur malheur, mais encore celui de tous ceux qui les entourent. Aussi mademoiselle Gauchais, par cette sage conduite, préserva-t-elle son cœur des atteintes de l'amour. L'amitié chez elle remplaça ce dieu léger, et ses parens n'ont dû que s'en féliciter.

L'étude eut pour elle tant d'attraits, qu'elle connaissait l'histoire aussi bien qu'un professeur de l'université ; mais sa modestie, vrai cachet du mérite, était souvent un obstacle au plaisir qu'on avait de l'entendre ; néanmoins elle faisait le charme de la société ; chacun la désirait, et se trouvait heureux de la posséder.

A tant de qualités elle joignait une bien plus rare vertu, celle de se rendre utile à l'humanité. Jamais elle ne put voir un malheureux sans le secourir. Une famille toute entière dut son existence et sa tranquillité aux soins touchans et à l'humanité de mademoiselle Gauchais. Plusieurs orphelins furent élevés par elle ; enfin, toute sa vie fut consacrée au plaisir d'obliger.

Jouissant d'une certaine aisance, elle recevait beaucoup de monde, et quoique, sans être intéressée, elle eut infiniment d'ordre, les personnes invitées aux soirées qu'elle donnait ne s'en allaient pas sans se féliciter de la manière noble dont elles avaient été fêtées.

Quoique l'étude et les plaisirs honnêtes l'occupassent beaucoup, elle n'en aimait pas moins le travail. Elle disait souvent, et c'était là son axiome de prédilection, «que le temps perdu ne revient plus. » Nous l'avons vue bien des fois s'occuper pour les autres, se donner du mal pour de malheureuses familles, se rendre chez ses amies, les aider dans leurs occupations journalières, enfin ne cesser d'être utile à tous ceux qu'elle connaissait.

Si des larmes amères ont jamais été versées, certes c'est le jour où l'impitoyable mort est venue nous l'enlever!!! Mais n'anticipons pas sur les événemens, et prions le lecteur de pardonner à nos regrets et à nos larmes.

Ainsi que nous l'avons dit, l'amitié, ce sentiment inextinguible, fut tellement le seul mobile de ses actions, qu'étant parvenue à l'âge où les jeunes filles désirent entrer en ménage, elle ne voulut jamais consentir à se séparer de ses père et mère. Elle ne manquait cependant pas d'adorateurs, car la nature s'était plu à la combler de tous ses dons. A une taille bien élancée, elle joignait une figure céleste, et l'on doit penser que d'infortunés elle faisait par ses éternels refus.

Une perte irréparable vint mettre le deuil dans une famille aussi unie ; sa mère tomba malade, et mourut peu de temps après, à l'âge de 64 ans. Mademoiselle Gauchais fut inconsolable. Mais son vieux père lui restait ; elle devait lui servir de soutien, et cette nouvelle Antigone se dévoua toute entière à l'auteur de ses jours, qui ne put jamais surmonter la cruelle idée d'avoir perdu sa compagne, et qui mourut deux ans après, à l'âge de 68 ans.

Nous ferons en passant cette remarque, c'est qu'il est bien rare de voir de vieux époux, lorsqu'ils ont été constamment liés par la plus étroite amitié, se survivre longtemps. Quand on a vécu vingt ou trente ans ensemble, on a tellement contracté l'habitude de se voir, de manger ensemble, de se conter réciproquement ses peines, ses plaisirs, ses inquiétudes et ses espérances, que lorsque cette habitude n'existe plus, la vie de l'époux qui reste n'est plus de longue durée. J'ai vu à Paris un vieillard se mettre au lit deux heures après la mort de sa femme, et rendre le dernier soupir le lendemain.

Mademoiselle Gauchais resta donc seule; elle résolut de vivre auprès de son frère aîné, le contrôleur : le plus jeune avait embrassé la carrière militaire et était depuis longtemps dans les camps. Il aimait son état avec passion, et à cette époque il était permis d'avoir de l'ambition; chaque campagne pouvait vous donner un grade, et le simple soldat pouvait espérer, s'il échappait à la mort, de devenir officier. Mademoiselle Gauchais avait donc été obligée de se séparer de son jeune frère, non pas sans verser un torrent de larmes, et elle espérait reverser sur son frère le contrôleur tout le foyer de ses tendres affections. Mais son bonheur ne fut pas de longue durée, et sa tranquillité fut bientôt troublée par une maladie de son frère, qui le mettait depuis longtemps dans un état de langueur alarmant. On ne concevait rien à cette singulière maladie, et mademoiselle Gauchais ne savait que faire, qu'entreprendre pour rendre son frère à la santé. Jour et nuit elle était sur pied, toujours auprès du souffrant, qui fut dans le même état de marasme pendant plusieurs années.

Désespérée de ne trouver aucun remède propre à rendre le malade à la santé, elle convoqua une assemblée de médecins, et le résultat de la consultation fut que son frère serait opéré. Une opération du genre de celle qu'on venait d'arrêter effraya tellement mademoiselle Gauchais, qu'à cette nouvelle elle se trouva mal. Mais ne consultant bientôt que la raison et son devoir, elle alla près de son frère et le décida à se laisser opérer. Le contrôleur y consentit d'autant plus facilement qu'il voyait dans cette opération douloureuse deux termes à ses souffrances, la santé ou la mort, et cette dernière était préférable aux tourmens qu'il éprouvait depuis si longtemps!!!

L'opération fut remise à la semaine suivante par le chirurgien, afin, disait-il, de pouvoir, par quelques toniques et boissons généreuses, préparer le malade et lui donner la force de supporter l'opération. Qu'on juge des soins que mademoiselle Gauchais donna, pendant ces huit jours, à son frère!! Son éloquence persuasive ranimait le malade, et il voyait arriver le terme prescrit avec gaîté. Mais le chirurgien ne vint pas ainsi qu'il l'avait promis. On lui écrivit; il répondit qu'il viendrait la semaine suivante. La semaine écoulée, nouveau retard; on ne concevait rien à la conduite de ce docteur, auquel on devait donner 25 louis qu'il avait demandés pour son opération. Enfin, ce ne fut qu'après de nombreuses sollicitations de la part de mademoiselle Gauchais, qui voyait empirer chaque jour le mal de son frère, qu'il se décida à venir au bout de deux mois.

A son arrivée il trouva le malade bien changé : sa négligence en était la cause ; aussi eut-il la douleur de s'entendre dire par le malade même : « Voilà votre ouvrage ; vous m'avez fait mourir » mille fois. Si vous m'eussiez dit que vous ne » vouliez pas m'opérer, j'en eusse pris un autre » et je lui devrais sans doute l'existence ; au lieu » que votre négligence causera ma perte (1). » A

(1) Il est bien malheureux de placer une confiance sans bornes dans la science des médecins : trop souvent ces messieurs se jouent de l'existence de leurs malheureux

ces paroles, mademoiselle Gauchais fondit en larmes; elle rassura néanmoins son frère, et l'opération fut définitivement mise au lendemain.

Toute la faculté de Saumur, accompagnée de beaucoup d'officiers de santé des environs, se rendit le lendemain chez mademoiselle Gauchais. L'on fit l'opération avec un plein succès; le malade résista à la douleur; on lui retira une pierre énorme qui pesait quatorze onces, et deux jours après il y avait un mieux bien sensible. La joie, depuis si longtemps bannie dans cette intéressante famille, reparaissait; déjà toute la maison respirait d'un air de gaîté, quand le troisième jour notre pauvre malade se sentit atteint d'une petite fièvre qui prit un caractère plus sérieux le lendemain, et qui, le cinquième jour, lui arracha la vie !!!

____

cliens, et la négligence condamnable du chirurgien de mon frère en est une trop déplorable preuve.

C'est alors que l'infortunée demoiselle Gauchais sentit l'horreur de sa position ; plus de père,
de mère, de frère ; seule sur la terre, tout ce
qu'elle avait de plus cher s'ensevelissait dans le
néant. Constamment le jouet du sort, elle mau-
dissait le jour qui la vit naître : « Eh quoi ! dit-
» elle, le ciel m'ôte tout ce que j'aime ; qui va
» donc désormais m'attacher à la vie ?... A qui
» prodiguerais-je mes soins ? A quel être mainte-
» nant vais-je compter mes peines ? Qui m'ai-
» mera, qui m'aidera, en un mot, à supporter ma
» fragile existence ? » Puis donnant un souvenir
à son jeune frère qui était à l'armée, elle ajoutait
en sanglottant... « Hélas ! peut être aussi n'est-il
» plus de ce monde ; un plomb fatal ou un fer
» meurtrier a peut-être traversé son cœur... »
» Je ne le verrai plus. » Et derechef des larmes
amères inondaient ses beaux yeux.——————

Néanmoins elle avait un devoir à remplir, et

elle arrêta pour lui le cours de ses pleurs. Il fallait penser aux funérailles du défunt et le faire
enterrer d'une manière convenable. Elle s'en occupa donc avec un zèle vraiment fraternel, et les
obsèques eurent lieu le lendemain. Toute la ville
de Saumur assista à ce convoi ; la douleur était
peinte sur tous les visages, car M. Gauchais le
contrôleur était généralement aimé. Juste dans
ses fonctions, aimable en société, charitable envers les pauvres, il possédait toutes les qualités
qui rendent l'homme estimable et qui le font
chérir et considérer.

Mademoiselle Gauchais, restée seule, se livra
toute entière à la charité publique; elle prit chez
elle deux enfans, une fille et un garçon; elle les
éleva comme les siens propres; elle s'attacha spé-
cialement à leur éducation, et ces petits êtres lui
doivent leur bonheur.

Elle recevait quelquefois des nouvelles du seul

frère qui lui restait, et elle formait constamment des vœux pour son retour; mais elle y comptait peu. Les guerres alors se succédaient si rapidement, qu'il était presqu'impossible d'obtenir le moindre congé. Nos troupes alors étaient animées d'un si grand esprit de conquêtes, que le dernier des soldats serait mort de chagrin de n'avoir pu se trouver à telle ou telle bataille.

Enfin, un jour mademoiselle Gauchais reçut des nouvelles de son frère; mais, hélas! quelles nouvelles! On lui apprenait qu'il avait été blessé mortellement à la bataille d'Esling et qu'on espérait peu de salut pour ses jours; événement que son frère lui avait caché, quoiqu'il fut blessé à mort, mais qu'elle apprit par le bruit public.

Peu s'en fallut qu'à cette nouvelle mademoiselle Gauchais ne prît la poste, n'allât rejoindre son frère et lui prodiguer ses soins. Mais des obstacles insurmontables l'en empêchèrent ; car son frère était à Vienne en Autriche, sur son lit de douleur, et il était impossible à une femme d'aller jusque-là, surtout venant tout récemment de perdre son frère aîné. La blessure que son frère avait reçue était un coup de feu dans la cuisse. On eut dessein de l'amputer ; mais il eût fallu couper la jambe tellement haut, que cela rendait l'amputation presque impossible. On se contenta de lui ouvrir la cuisse et l'on en retira une balle qui s'était mariée avec l'os en le brisant. Cette opération, qui fait honneur au brave chirurgien M. Brisset, qui l'a entreprise, eut un plein succès. Le blessé allat mieux et put, au bout d'un certain temps, marcher avec des béquilles. C'est à cette époque qu'il eut la douleur d'apprendre la mort de son frère, de son plus tendre ami. Il répondit à sa sœur, lui donna quelques consolations, l'assura que sa blessure était fort peu de chose, la pria de suspendre toute affaire, parce qu'il espérait aller à Saumur passer sa convalescence. Nous dirons que sa présence était indispensable, car une femme seule est toujours victime de la rapacité et de l'égoïsme.

Jamais nouvelle ne fut plus agréable à mademoiselle Gauchais; revoir son jeune frère, l'embrasser, panser ses blessures, être pour lui une seconde mère, telles étaient les riantes chimères dont elle berçait son esprit et son cœur. Mais, ô douleur! ô chagrin sans pareil! adieu si douces illusions! La seconde lettre, qui devait annoncer le jour du départ, n'arriva pas; des mois s'écoulent et plus de nouvelles.... « Il est donc mort aussi, » s'écria-t-elle, le sort me l'a enlevé ainsi que » tous mes autres parens! Le malheureux! il aura » succombé; peut-être suis-je cause de sa mort! » Peut-être est-ce l'empressement de me revoir » qui l'aura conduit au tombeau. O mon frère! » ô mon ami! pardonne à ta sœur.... Mais je

» m'abuse; il aura voulu, malgré ses souffrances,
» voler au combat, et d'autres blessures plus
» graves l'auront enseveli dans le néant... Fatal
» honneur! fatal amour-propre! vous rendez les
» hommes au-dessous des bêtes les plus féroces;
» elles ne se mangent pas entr'elles et vous vous
» assassinez mutuellement. Et vous, que l'am-
» bition a conduit sur le trône, c'est pour com-
» battre vos intérêts, vos projets d'élévation, que
» mon malheureux frère s'est arraché de nos
» bras. Ah! s'il est temps encore, rendez-le à
» ma tendresse. » Puis ces paroles étaient accom-
pagnées de larmes les plus amères.

Elle resta près de trois mois dans cette cruelle
anxiété, n'ayant d'autre plaisir que celui de
donner tous ses soins à ses deux jeunes élèves,
qui étaient de petits modèles de sagesse et de
vertu.

Nous devons instruire le lecteur de la cause

d'un silence aussi long. Le frère de mademoiselle Gauchais devint tellement malade qu'il ne
put écrire à sa sœur; il fut pendant trois mois
entre la vie et la mort.

Enfin une lettre arrive et lui annonce le pro-
chain retour de son frère... Elle doutait encore
de son bonheur, quand elle apprit qu'il suivait
sa missive de très près.

Sa joie était à son comble; elle ne s'occupa
plus que des préparatifs d'une fête pour recevoir
dignement un frère qui revenait couvert des in-
signes de l'honneur et de la bravoure.

Il arriva enfin le jour dit, et il est inutile de
dire combien ce retour fit époque dans Saumur.
Des visites nombreuses lui furent rendues, et le
bonheur semblait être fixé dans la famille, lorsque le commandant Gauchais, qui avait sans
doute trop précipité sa longue marche, sentit de

nouvelles douleurs ; ses blessures se rouvrirent et il fut contraint de se mettre au lit. Nouveaux sujets de chagrins et d'inquiétudes pour sa vertueuse sœur, qui ne le quitta pas d'un instant. On retira de la cuisse du blessé différentes esquilles qui y avaient séjourné. Nouveaux soins furent apportés, et les blessures ne tardèrent pas à se refermer. Pendant le temps de cette nouvelle catastrophe, mademoiselle Gauchais eut pour son frère les mêmes soins, les mêmes attentions qu'elle avait eu jadis pour le contrôleur ; aussi M. Gauchais lui dut-il en quelque sorte son entière guérison.

Neuf mois se passèrent ainsi sans que rien pût troubler la parfaite tranquillité dans laquelle vivaient monsieur et mademoiselle Gauchais ; mais le commandant, jaloux d'acquérir une nouvelle gloire, et fatigué d'un repos qu'auraient pu lui reprocher ses nombreux compagnons d'ar-

mes, résolut de retourner au champ d'honneur ;
et un soir, après avoir dîné avec sa sœur, il lui
dit : « Ma bonne amie, ma tendre sœur, il faut
» que je te fasse part du projet que j'ai formé ;
» je sais que je vais déchirer ton cœur ; mais la
» raison, qui plus est, le devoir, me forcent à
» l'exécuter. Depuis longtemps mes blessures
» sont fermées, ma santé est rétablie, mes forces
» sont revenues, et je rougis de rester dans l'inac-
» tion lorsque tant d'autres vont verser leur sang
» pour la patrie ; mon pays me réclame et je re-
» tourne à la guerre. Néanmoins il me reste une
» grâce à te demander : te voilà restée seule,
» peut-être ne reviendrai-je jamais : c'est le sort
» des armes et il faut nous y soumettre. Consens
» donc, avant mon départ, à prendre un époux ;
» cet époux me remplacera près de toi, et j'aurai
» la douce satisfaction en te quittant de te savoir
» quelqu'un qui t'aime autant que moi, et qui
» passera sa vie à faire le bonheur de la tienne. »

Ce discours étonna beaucoup mademoiselle Gauchais, qui jusqu'alors n'avait eu aucun goût pour le mariage. Néanmoins, pour ne pas contrarier son frère, elle consentit à s'enchaîner dans les nœuds d'hyménée; mais il s'agissait de lui trouver un parti sortable, un homme enfin qui pût la rendre heureuse: M. Gauchais y pourvut.

Parmi ses nombreux amis, et parmi les soupirans de mademoiselle Gauchais, se trouvait un sieur Tisseau, négociant et propriétaire à Allone. Sa moralité et sa bonne conduite étaient généralement connues, aussi n'eut-il pas de peine à obtenir la main de mademoiselle Gauchais, qui était âgée alors de trente-cinq ans, et qui possédait encore tous les charmes de la beauté.

Le mariage fut donc conclu, mais à la condition expresse que M. Samuel Tisseau quitterait Allone pour venir s'établir à Saumur dans la maison de mademoiselle Gauchais: ce qui fut arrêté de suite. M. Tisseau quitta Allone, prit le commerce que tenait feu M. Gauchais, et épousa la demoiselle Gauchais, qui menait les affaires aussi bien que son père.

La nôce fut des plus belles, elle dura toute une semaine, et la gaîté y présida continuellement. Les nouveaux époux se convinrent tellement, qu'ils firent le plus heureux ménage qu'on ait jamais vu. M. Tisseau est d'un caractère doux, affable; son cœur est excellent, et sa moitié possédait également toutes ces précieuses qualités; c'était un échange continuel de soins, de prévenances et d'attentions délicates. Le commandant ne se possédait pas de joie en contemplant le bonheur de ces deux personnes vraiment faites l'une pour l'autre, et il se disait : Voilà pourtant mon ouvrage!!!

Mais le temps de son départ approchait, et ce

n'est pas ce qui faisait le plus de plaisir à madame Tisseau et à son mari. Il fallut donc, malgré d'abondantes larmes de part et d'autre, se quitter.

Le commandant rejoignit le 62e régiment à Marseille, où il resta peu de temps pour se remettre des fatigues du voyage, puis il se mit en route à la tête de son bataillon et gagna l'armée, où il resta jusqu'en 1814, ayant reçu de nouvelles blessures peu dangereuses.

Au changement de gouvernement il était en Italie; il reçut l'ordre de reployer sur Marseille, et c'est à cette époque qu'il fut licencié. Il en donna avis à sa sœur, qui vit renaître pour elle une nouvelle aurore, car il est impossible d'exprimer d'une manière précise les inquiétudes et les chagrins qu'elle éprouva pendant la longue absence d'un frère qu'elle craignait à chaque instant de perdre.

M. Gauchais, devenu colonel et officier de la Légion-d'Honneur, revint à Saumur à la grande satisfaction de tout le monde. Il y vécut paisible jusqu'en 1822, où de nouveaux malheurs l'attendaient, et où l'affaire la plus épouvantable lui arriva.

Le 22 février 1822, le général Berton se présenta à Saumur; tout le monde connaît, et nous nous dispenserons d'en donner aucun détail, cette affaire, qui a causé tant de peines et de chagrins à la famille Gauchais et Tisseau; nous nous bornerons à rendre compte, seulement pour instruire le lecteur, de ce qui a regardé personnellement madame Tisseau, son mari et son frère.

Le surlendemain de l'arrivée du général Berton, M. Tisseau, qui était à Montreuil-Bellay pour son commerce, fut arrêté et conduit dans la prison de Saumur, comme complice du général.

L'épouse de M. Tisseau, la vertueuse demoiselle Gauchais, n'apprit pas plutôt cette horrible nouvelle, qu'elle se livra au plus affreux désespoir; mais ranimant ses sens et sachant combien, dans une circonstance aussi pénible, il fallait avoir de courage, elle commença à faire des démarches qui n'eurent malheureusement aucun succès, puisque des ordres arrivèrent pour qu'on transférât son mari, ainsi que toutes les autres personnes arrêtées dans cette affaire, à Poitiers, résidence de la Cour royale.

La gendarmerie s'empara donc de M. Tisseau, et le ménagea si peu qu'il se trouva mal en chemin, par la douleur que lui occasionnèrent les menottes qu'on lui avait mises, et qu'on fut obligé de desserrer.

Cruelle infamie! Est-ce donc ainsi que l'on traitait d'honnêtes gens? le service de gendarme

doit-il être celui d'un bourreau ? et des magistrats
ne doivent-ils pas rougir lorsqu'ils donnent de
pareils ordres, surtout envers un citoyen prévenu
de délit politique ? Mais alors un scélérat siégeait
à la Cour royale, il en était le procureur-général;
son nom odieux figurera dans l'histoire à côté de
ceux qui font pâlir l'humanité. Tous les ordres
que donnait ce monstre étaient scellés par la
cruauté; vil instrument du gouvernement de
Charles X, Mangin ne respirait que vengeance,
et voyait des conspirateurs partout; aussi ses vic-
times étaient-elles impitoyablement maltraitées.
Nous en avons un triste exemple dans la condamnation du général Berton.

Madame Tisseau était inconsolable; elle redou-
tait les suites d'une pareille accusation; elle aurait volontiers donné sa vie pour sauver celle de
son époux. Elle courut à Poitiers consoler l'infortuné prisonnier, auquel elle prodigua les soins les

plus vifs, et rendit des visites à toutes les personnes en place, ce qui ne lui convenait guère, car la plupart étaient loin de penser comme elle ; ensuite elle retourna à Saumur, où elle se fit donner les certificats les plus honorables pour son mari.

Madame Tisseau donna, dans cette circonstance, un exemple de tendresse conjugale vraiment digne d'éloges. Seconde Lavalette, elle n'eut pas de repos tant qu'elle ne vit pas couronner ses nombreuses tentatives auprès des autorités. Elles le furent enfin, et elle eut le bonheur de sauver son cher époux au bout de six mois. Ce brave citoyen, qui n'avait d'autres torts que d'aimer la liberté et la prospérité de son pays, fut rendu à sa famille, à ses amis, à son commerce. Mais parmi la joie qui les entourait, quel nouveau sujet d'alarmes venait arrêter les élans de leurs cœurs bons et sensibles ? quel avenir de peines et de douleurs se préparait pour eux ? Bonne et tendre sœur, pourquoi fallait-il qu'à peine sortie d'un précipice tu retombasses dans un autre beaucoup plus profond ? Eh quoi ! cette source de larmes amères ne se tarira donc point pour toi, et la nature ne t'avait donc formée que pour pleurer sans cesse ? Ton père meurt, ta mère le suit ; un frère reste moribond dans tes bras des années entières ; ton époux est menacé d'un jugement terrible, et ton autre frère, celui pour lequel tu as eu tant d'inquiétude, pour lequel tu as passé tant de nuits, est de nouveau dans un péril au-delà de toute expression. Il fuit loin de toi, la loi le poursuit ; il a voulu changer la face d'un gouvernement arbitraire, d'un gouvernement injuste et sanguinaire ; il a été le précurseur de grands événemens ; il a voulu, dans ce temps, reconquérir cette liberté si chère aux Français, cette liberté que les nobles Parisiens ont conquises à prix de sang... et il a échoué dans son projet, il est considéré comme un conspirateur, comme un régicide ; il se sauve en Angleterre sous le poids d'une condamnation capitale (1) !!! Terrible destinée ! fortune ennemie ! impitoyable sort, tu veux donc constamment t'attacher aux humains seuls qui méritent le plus tes faveurs ; le méchant, l'intrigant ont donc seuls des droits à la tranquillité, au repos, au bonheur ?... On dit qu'il n'en est pas pour le méchant, mais pourquoi réusit-il mieux que l'homme juste ? Mais laissons cette métaphysique, et revenons aux nouveaux sujets d'alarmes de madame Tisseau.

Ici plus que jamais son caractère se déploie avec admiration. Elle brave tous les dangers pour soustraire son frère aux recherches minutieuses de la police ; elle ne cesse, pendant son séjour en

____

(1) Quatorze des siens ont été condamnés à mort par contumace, et quatre ont été exécutés.

Angleterre, de lui envoyer des sommes énormes : elle sait qu'un proscrit ne peut vivre qu'à force d'or ; enfin elle s'arrange de manière à ce que son frère ne puisse oublier un seul instant le rang qu'il occupe dans la société. Nous dirons en passant qu'elle était admirablement bien secondée par son brave époux, qui chérissait le frère de sa femme comme le sien propre, et qui agissait de concert avec elle. Dans ces entrefaites la guerre d'Espagne eut lieu. C'est avec bien de la peine que nous osons en parler. Des Français combattre un peuple qui veut la liberté, qui demande une constitution ! Lui imposer le terrible joug d'une monarchie hypocrite et tyrannique ! Servir la cause des prêtres ! Oh ciel ! jetons un voile sur ces événemens dont la seule pensée fait mal, et excusons les Français.... ils marchaient à contre-cœur..... et ils obéissaient malgré eux aux ordres d'un général, d'un prince auquel était réservé quelques années après le prix de sa sottise et de sa nullité.

Le colonel Gauchais fut donc sollicité à servir dans les rangs des Espagnols libéraux, et à devenir un des officiers d'état-major des généraux Quiroga, Morillo et Mina : c'est avec peine qu'il y consentit ; mais il était proscrit à jamais de la France ; sa tête était à prix, et il fallait qu'il trouvât dans les étrangers une hospitalité que lui refusait sa patrie, qui ne demandait que son sang.

Néanmoins lorsqu'il se vit forcé de se battre contre les Français, il préfera se retirer en Portugal. Il décida quarante autres Français à le suivre ; et lorsqu'ils furent prêts à monter dans la barque qui devait les conduire sur le territoire portugais, par la trahison la plus noire, ils furent pris par les Français, considérés comme transfuges et conduits à Toulouse.

Il serait plus que difficile de peindre ici les souffrances et les fatigues qu'ils éprouvèrent pendant un aussi long voyage. Ma plume se refuse à retracer au lecteur les calamités et les horreurs attachées au sort d'un malheureux prisonnier que l'on conduit de cachot en cachot. Bientôt nous allons voir les suites de ce grand procès qui fit retentir les voûtes de la Cour royale de Toulouse. Dans ce moment jetons les yeux sur la trop infortunée dame Tisseau, sur ce modèle des épouses et des sœurs.

Elle avait appris par les journaux, ne pouvant être en correspondance avec son frère, son nouveau malheur et ses nouvelles persécutions. Il est aisé de voir que toutes les lettres étaient interceptées, et madame Tisseau avait trop d'esprit pour ne pas le savoir ; elle savait qu'il se dirigeait sur Toulouse pour y subir un jugement terrible ; mais elle était retenue près de son mari qui était fort malade, et elle ne pouvait par conséquent aller soulager son infortuné frère ; elle était néanmoins parfaitement au courant de tout ce qui se passait, et elle employait le peu d'instans qui lui restaient à écrire aux amis de son frère des lettres pleines d'ame et de tendresse. Près d'un an s'écoula ainsi, toujours dans les angoisses de la vie et de la mort ; enfin le fameux jugement, celui qui devait mettre au jour l'innocence du colonel Gauchais et de ses infortunés compagnons, arriva. Ce fut dans les débats, qui durèrent vingt-trois jours, qu'on prouva que ces braves militaires cherchaient à passer en Portugal dès qu'ils apprirent l'arrivée des Français en Espagne.

Le jury n'hésita pas à les déclarer non coupables, et ils furent mis en liberté, à l'exception du malheureux colonel, qui avait un autre jugement à subir, jugement affreux et inique en même-temps. Déjà plusieurs têtes avaient tombé, il fallait encore celle de l'infortuné Gauchais, et le procureur-général Mangin, d'exécrable mémoire, ne perdit pas sa proie de vue. Il donna des ordres, et le colonel, au lieu de goûter cette douce tranquillité qui lui était si nécessaire, fut reconduit de prison en prison de Toulouse à Poitiers.

C'est dans cette ville qu'il revit sa bonne, sa tendre sœur ; c'est dans cette ville, dans le couvent de la Visitation qu'il la serra étroitement sur son sein ; enfin c'est à Poitiers qu'il eut de nouveaux témoignages de tout l'amour que sa sœur avait pour lui, de cet amour pur et plein de force qui fait les bons parens.

Il fallut donc s'apprêter à de nouvelles peines et de nouvelles inquiétudes, à de nouveaux tourmens, et ce nouveau jugement n'offrait pas les mêmes chances de succès que le précédent. Aussi madame Tisseau était-elle fort inquiète sur le sort de son frère ; lui, de son côté, semblait étranger à tant de calamités ; né pour ainsi dire dans les camps, il voyait l'orage fondre sur sa tête avec une impassibilité remarquable. Il n'en était pas de même de M. Tisseau, de ce brave et digne homme qui partageait bien vivement les craintes de son épouse.

M. Bonsenne, un des meilleurs avocats du barreau, fut choisi par la famille Gauchais pour être le défenseur du colonel, et s'acquitta de cette honorable et difficile mission avec un zèle remarquable, quoique son talent n'ait pu l'emporter sur l'esprit des juges qui avaient prononcé la mort du général Berton, et qui prononcèrent celle du malheureux Gauchais.

Je ne pourrais dans cette circonstance déplorable que peindre imparfaitement le désespoir de madame Tisseau, qui, pendant plus de trois mois, travaillait sans relâche à sauver son frère, et qui voyait planer sur sa tête le fatal couteau.

Le colonel, après la condamnation, fut reconduit à la prison, et s'attendait à ce qu'on allât le revêtir du costume d'un condamné à mort, c'està-dire le couvrir de chaînes; mais comme il était adoré du concierge et de sa femme, ce premier courut trouver Mangin, qui, par un restant d'humanité, voulut bien consentir à ce que le condamné restât dans sa chambre, mais n'en sortît que pour monter sur l'échafaud.

A son arrivée dans le couvent de la Visitation, toutes les figures étaient décomposées; le plus profond silence régnait dans la prison; le concierge était attéré; sa femme s'évanouit à la vue du colonel qui, constamment ferme dans sa résolution, était calme et tranquille. Il avait écrit à sa sœur sa condamnation; mais on sent bien qu'on avait eu le soin de soustraire la lettre. Madame Tisseau n'apprit donc que le lendemain matin la condamnation de son frère ; mais pour la mener petit à petit au résultat de ce jugement odieux, on lui dit que son frère avait été condamné à vingt années de fers. Elle répondit qu'il valait mieux le condamner à mort. Eh bien ! lui dit-on, il l'est... Elle fut tellement étourdie par cette fatale nouvelle, qu'elle resta muette quelques minutes... puis elle dit : Les cruels !... les méchans !... condamner un aussi brave homme !... Hélas ! quels supplices sont donc réservés aux scélérats, si l'honnête homme est traîné à l'échafaud ?... Eh bien ! ajouta-t-elle, puisqu'on me fait tant de mal aujourd'hui, je veux m'en venger en faisant du bien : que tous les malheureux qui gémissent sous les verroux aient une livre de viande et une bouteille de vin ; que ce jour, qui est pour moi le plus affreux de ma vie, soit pour ces malheureux un moment de bonheur..... Hélas.! ajouta - t - elle encore , il est condamné! il saura mourir avec courage. Il a été vertueux toute sa vie ; il verra la mort avec le sang-froid que conserve l'homme qui a la conscience pour lui... Combien les juges se repentiront! .... Qu'ils devront un jour rougir d'avoir prononcé un tel jugement!... Mais pourrais - je avoir la satisfaction de le voir encore une fois ? les cruels me priveront-ils de ce plaisir ?.... Ah! qu'ils me permettent de le voir avant de l'enfermer dans ce funeste cachot , dernier asile des plus grands criminels..

Elle obtint la permission désirée, et de grand matin elle se rendit près de son frère qui était sur son lit plongé dans de tristes réflexions. On ne peut décrire cette entrevue que très imparfaitement.... Il faudrait la plume de Voltaire ou de Rousseau pour tracer exactement cette scène admirable de tendresse fraternelle et d'accablante douleur! Ce fut un échange de nobles sentimens, de larmes amères et d'impassibilité généreuse.... Ils s'embrassèrent tendrement; le colonel en faisant ses adieux à sa sœur pour la dernière fois, lui dit:

« Ma tendre amie, il faut nous quitter... et c'est
» pour toujours: le sort l'a décidé et nous devons
» nous soumettre à ses terribles décrets. Je te
» remercie de tout ce que tu as fait pour moi;
» conserve dans ton cœur mon souvenir et par-
» donne-moi les peines que je t'ai causées.... Il
» n'y a point de ma faute: j'aurais voulu te voir
» heureuse, c'était-là tout mon espoir; console-
» toi de ma perte avec ton mari, et tâchez d'être
» plus heureux que moi..... Voilà ce que je te
» recommande pardessus tout! on va me mettre
» au cachot où ont été mis les autres et je ne te
» verrai plus, c'est fait de moi: adieu ma tendre
» amie. » Ils se pressèrent mutuellement dans leurs bras en se faisant le dernier adieu..... Puis il se retourna devant le concierge et lui dit:

« Vous n'avez maintenant qu'à me conduire au
» cachot puisque c'est ma destinée.... J'ai fait mes
» derniers adieux. »

M. Champion, le concierge, ne put retenir ses
larmes.... Il courut chez le procureur-général,
lui rendit un fidèle compte de la scène qui venait de se passer, et il obtint de laisser l'infortuné
colonel dans sa chambre. On donna également la
permission à sa bonne et tendre sœur de l'y venir voir et de rester avec lui... oh..! Ce fut une
bien grande consolation pour cette estimable
femme.

Tout le monde désirait que le colonel en ap-
pelât; l'avocat Bonsenne trouvait trois nullités évi-
dentes dans le jugement. Le colonel ne voulut
pas user de ce moyen. Il répondait à toutes les
personnes qu'il était jugé et qu'il n'en rappellerait
pas et que tel était son intention. Le lendemain

son avocat sollicita de nouveau avec instance, il lui répondit qu'il voulait que le jugement ait son exécution. La bonne madame Tisseau, cette chère sœur, sollicitait aussi vivement; elle pleurait beaucoup et ne pouvait rien obtenir de son frère, qui persistait continuellement dans son refus d'en appeler....... Qu'on juge de son chagrin, car le délai fixé par la loi était près d'expirer.

Le procureur - général Mangin envoya plusieurs fois savoir si le condamné était dans l'intention de rappeler. Sa réponse fut toujours négative.

Le troisième et dernier jour, son avocat et plusieurs personnes sollicitaient toujours son rappel, mais sa réponse était toujours la même. Enfin tout se préparait pour la fatale exécution, lorsque les larmes, les prières et le désespoir de sa sœur retentirent dans son ame et firent chanceler sa résolution. Il fit venir le greffier et lui dit: Monsieur, rédigez mon rappel; ce n'est pas moi qui le forme : j'avais résolu de me soustraire à une longue agonie, et une mort prompte me semblait préférable; mais ma sœur a parlé et son éloquence l'emporte sur les angoises que je m'apprête à souffrir pour elle; je vais signer. » En même-temps on rédigea une demande en grâce que le colonel signa, car on espérait que le roi accorderait du moins une commutation, ce qui n'arrangeait pas trop le colonel, qui aurait préféré mourir que de languir à son âge dans une éternelle prison; mais sa tendresse pour sa bonne sœur était si puissante, qu'il cédait à ses moindres volontés. Cette douce compagne de sa vie, lui disait: «Espère, mon ami; nous ferons des démarches, j'irai à Paris, je me jeterai aux pieds du roi, je prodiguerai l'or, et peut-être serons-nous assez heureux pour te retirer de l'abime dans lequel ton amour pour la liberté t'a plongé. — Fais tout ce qu'il te plaira, répondit le colonel, je me livre entièrement à toi, et si je souhaite que tu réussisses, ce n'est que dans le doux espoir de passer ma vie auprès de toi. » Elle écrivit à son mari de se rendre à Poitiers pour se concerter ensemble sur le voyage qu'elle allait faire à Paris, et pour lui laisser le soin de l'infortuné prisonnier; mais les fatigues qu'elle avait éprouvées, les chagrins, les tourmens qu'elle avait eus, la firent tomber malade, et, à son grand désappointement, elle fut obligée d'envoyer à Paris son époux à sa place.

Pendant ce temps l'arrêt fut confirmé par la Cour de Cassation, et tout faisait croire à sa prochaine exécution. Il est inutile de dire ici le coup que ce nouveau malheur avait porté dans le cœur de madame Tisseau : nous avons assez peint la bonté de son ame sans nous étendre encore sur ce chapitre ; nous dirons seulement que quoique fortement indisposée, elle ne laissait pas que de vaquer au soin de sa maison à Saumur, et de se rendre très-fréquemment au couvent de la Visitation à Poitiers donner des consolations à son malheureux frère.

Néanmoins l'espérance, cette douce compagne du malheur, cette espérance qui ne nous abandonne qu'à notre dernier soupir, l'espérance enfin berçait madame Tisseau ; le recours en grâce n'avait point encore été rejeté et l'exécution ne pouvait avoir lieu qu'après cette horrible nouvelle.

Le 19 janvier 1825, les journaux annoncèrent que le roi Charles **X**, *dont l'humanité est si bien connue en France, et qui a toujours été avare du sang de ses sujets* (témoins les trois journées juillet 1830), avait eu l'extrême bonté de commuer la peine de mort du colonel Gauchais, âgé de 56 ans, en celle de 20 années d'emprisonnement. Le lecteur pensera sans doute que cette nouvelle peine de mort, car c'en était une peut-être plus cruelle que la première, trompa la douce attente de madame Tisseau, qui comptait sur une commutation moins cruelle; mais son frère ne montait pas sur le fatal échafaud, il ne devait plus mourir par la main d'un bourreau, et cette idée la consolait.

Quand un naufragé rencontre un rocher escarpé qui ne peut que lui présenter une nouvelle mort, son premier mouvement est de remercier le ciel; aussi madame Tisseau tâcha-t-elle de consoler son frère, qui se repentait déjà d'avoir signé sa demande en grâce.

Pendant son séjour à Poitiers, sa sœur ne le quitta presque pas quoiqu'elle fut obligée d'être souvent à Saumur. Il ne peut ici que rendre hommage aux soins et aux attentions de ses gardiens, qui s'empressaient à l'envie de lui rendre sa captivité agréable ; mais M. le ministre de la justice jugea, dans sa sagesse, que cette détention était trop douce et qu'il fallait que le colonel fût soumis aux réglemens qui frappent tous les condamnés, sans exception de causes.

Il existe à douze lieues de Poitiers une maison centrale destinée à recevoir tous les malfaiteurs des douze départemens circonvoisins ; cette maison appelée Fontevrault, et qui fut construite des décombres de l'ancien couvent royal de ce nom, fut désignée par son excellence : alors les ministres portaient ce titre pompeux qui flatterait bien encore l'amour-propre de quelques-uns d'à présent. Cette maison, dis-je, fut désignée pour recevoir le colonel Gauchais. Cette nouvelle fut loin de le flatter, malgré que cette maison ne fût qu'à quatre lieues de Saumur et que par conséquent il allait se trouver rapproché de tout ce qu'il avait de cher au monde ; mais il n'ignorait pas le sort qui lui était réservé, il n'ignorait pas les nouvelles humiliations qu'on allait lui faire subir, et sous ce rapport on va voir qu'il ne se trompait pas.

Arrivé à la maison centrale, la première chose qu'on lui fit faire fut de le dépouiller de ses vêtemens bourgeois et de sa croix, et de lui faire endosser la casaque du crime. Une surveillance extraordinaire et vexatoire fut attachée à ses pas.

Le lendemain, son beau-frère et sa sœur chérie vinrent le voir et fondirent en larmes en le voyant ainsi travesti ; mais il leur dit avec courage et dignité : « Rassurez-vous, mes bons amis, l'habit que je porte n'a rien d'humiliant pour moi ; il n'est déshonorant que lorsqu'il revêt le crime. » Il fallut prendre son parti, et madame Tisseau surmonta sa douleur, dans l'espoir de réussir à sauver une seconde fois son infortuné frère.

Quelques années se passèrent ainsi ; malgré toutes les démarches et les voyages qu'on fit à à Paris, on ne put rien obtenir. Chaque année des grâces atteignaient de grands coupables, et chaque année prouvait au colonel l'irrascibilité du gouvernement d'alors. Madame Tisseau languissait dans une mélancolie alarmante ; ses beaux traits s'altéraient de jour en jour, et ses yeux perdaient chaque jour de leur éclat naturel.

Cependant elle voulut faire encore une tentative ; elle se rendit à Paris, alla infructueusement se jeter aux pieds du roi, courut dans les

ministères, et voyant l'infructuosité de ses démarches, elle ne put surmonter sa douleur;
elle retourna à Saumur, tomba dangereusement
malade et mourut peu de temps après........
....

Le lecteur excusera ma douleur.... Je ne
puis tracer ces lignes sans verser un torrent de
larmes. Je vais cesser de continuer sur le ton
de narrateur, ton que j'ai cru devoir prendre
pour parler de ce qui me regardait personnellement. Je vais maintenant ne plus m'occuper
que d'elle, dire seulement en passant comment
je suis sorti de ma prison, et terminer mon
récit par raconter le trihut que j'ai payé aux
mânes de cette femme, modèle de toutes les
vertus.

J'appris sa mort à Fontevrault et ce fut pour
moi un coup terrible, quoique je susse qu'elle

traînât depuis longtemps et qu'on avait peu d'espoir de la sauver. Néanmoins, comme nous l'avons déjà dit, l'espoir me soutenait, et lorsque je vis qu'il n'y en avait plus et qu'elle était morte sans que je pusse l'embrasser, j'avouerai que ce coup me fut bien plus dur à supporter que celui de ma condamnation, et je pensais que c'était la dernière goutte que je buvais au calice d'amertume ; mais il fallait lui survivre, ainsi l'avait ordonné le destin. Sa mort mit en alarme toute la ville de Saumur ; ses vertus l'avaient fait adorer, et sa mémoire est et sera toujours chère à tous ceux qui l'ont connue.

Mon beau-frère Tisseau fut inconsolable ; il aimait tendrement sa femme, il n'avait qu'elle au monde pour lui faire aimer la vie, aussi le souvenir de cette chère amie lui fait-il souvent répandre les larmes les plus amères.

Je fis faire de suite, par un architecte, le plan

d'un riche mausolée que mon beau-frère et moi fimes ériger en l'honneur de ma chère sœur, nous y fimes graver ces mots :

A PERPÉTUITÉ.

Ci gît Anne Gauchais, épouse Tisseau.
(Décédée le 3 septembre 1828, âgée de 56 ans.)

A la meilleure des épouses et des sœurs,
Son mari et son frère inconsolables.

Ames sensibles, pleurez le modèle
Et la victime de la tendresse fraternelle.

Les pauvres ont perdu en elle une mère,
La veuve et l'orphelin un appui.

Espérons qu'elle a reçu d'un dieu juste
Le prix de ses vertus sociales et chrétiennes.

Et chaque passant s'arrête, s'agenouille et s'en re-

tourne en disant : *La mort ne devrait jamais frap-
per de tels mortels.*

Après cinq années d'une détention terrible,
j'eus enfin le bonheur d'obtenir une grâce pleine
et entière ; je la reçus avec empressement, comme
on peut le croire, mais avec un serrement de
cœur qui signifiait :

« Et ma sœur ne jouira pas de mon bonheur,
» elle n'est plus !!! »

Je ne terminerai pas ce récit sans prier les
dames qui me feront l'honneur de me lire, de
prendre ma sœur pour modèle ; elles auront dû
voir en elle toutes les vertus qui font des dames
l'ornement de la société, et qui, malgré ce qu'en
disent certains critiques, ne leur sont pas étran-
gères : discrétion, charité, grandeur d'ame,
courage et bonté. A cet hommage *bien mérité*, je

citerai le nom d'une dame à qui je dois une mention honorable dans cet ouvrage, et qui a montré une énergie, un courage vraiment digne de remarque. Madame Chauvet, dont le mari, condamné à mort, s'était refugié à Londres, subit une année d'emprisonnement, passa à la Cour d'assises à Paris, consentit enfin à essuyer toutes les vexations, toutes les humiliations possibles plutôt que de trahir le secret que la force et la fureur voulaient lui arracher.

Toutes les dames dont les époux se trouvaient dans la conspiration étaient toutes dans le secret. Bien loin de donner des inquiétudes aux conjurés, elles les raffermissaient dans leurs projets, leur donnaient des armes et les encourageaient à combattre pour la liberté. Ma sœur elle-même, ce chef-d'œuvre de la nature, a constamment su ce qui se passait, et je dirai avec vérité que nous avons constamment plus compté sur elles que sur certains hommes, dont la faiblesse pouvait être bien préjudiciable.

Honneur donc à ce sexe pour lequel on devrait avoir plus de respect! honneur à ces femmes vertueuses dont le mâle courage doit être admiré de la nature entière!

FIN.

9 782011 745941